ÄPFEL

LANDHAUSKÜCHE

ÄPFEL

LANDHAUSKÜCHE

Von Christopher Idone

Fotos von Kathryn Kleinman

Aus dem Englischen von Susanne Dickerhof-Kranz

Bearbeitet von Marion Morawek

CARLSEN

*Für Carol, die einige meiner frühen Erinnerungen mit mir teilt,
und Linda und Barry, gute Freunde, großartige Köche
und die besten Gastgeber*

4. Auflage 1998

Die Originalausgabe erschien unter dem Titel
Apples: A Country Garden Cookbook bei Collins Publishers, San Francisco.

Published by arrangement with Collins Publishers,
a division of HarperCollins Publishers Inc.
Lektorat: Bettina Herre
Druck und Bindung: Grafiche AZ, Verona
ISBN 3-551-85024-0
Printed in Italy

INHALT

Wissenswertes über Äpfel 9

Vorspeisen 19

Beilagen 37

Hauptgerichte 51

Desserts 69

Getränke 85

Register 95

PROTECTION
HOME INDUSTRIES

EINKEHR

Bei einem Wirte, wundermild
Da war ich jüngst zu Gaste;
Ein goldner Apfel war sein Schild
An einem langen Aste.

Es war der gute Apfelbaum,
Bei dem ich eingekehret,
Mit süßer Kost und frischem Schaum
Hat er mich wohl genähret.

Es kamen in sein grünes Haus
Viel leicht beschwingte Gäste;
Sie sprangen frei und hielten Schmaus
Und sangen auf das beste.

Ich fand ein Bett zu süßer Ruh
Auf weichen grünen Matten;
Der Wirt, er deckte selbst mich zu
Mit seinem kühlen Schatten.

Nun fragt ich nach der Schuldigkeit,
Da schüttelt er den Wipfel.
Gesegnet sei er allezeit
Von der Wurzel bis zum Gipfel.

Ludwig Uhland

WISSENSWERTES ÜBER ÄPFEL

Äpfel gibt es schon seit Ewigkeiten. Versteinerte Apfelkerne wurden an so unterschiedlichen Plätzen wie Asien, prähistorischen Siedlungen an Schweizer Seen und jungsteinzeitlichen Orten in England gefunden. Im Jahre 149 v. Chr., als Cato Rom regierte, kannte man sieben verschiedene Apfelsorten. Jahrhunderte später, 1628, wurden immer noch lediglich sieben Apfelsorten in den Gärten Ludwigs XIII. in Orleans angebaut. Aber bereits im 19. Jahrhundert hatten sich mehr als 7000 verschiedene Apfelsorten herausklassifiziert. Heute gibt es etwa 2500 Sorten, von denen nur etwa 100 kommerziell angebaut werden.

Auswahl: Äpfel können rund sein wie der Jonathan oder oval wie der Red Delicious. Ihre Größe variiert vom 2,5 cm großen Holzapfel bis zum 13 cm großen Glockenapfel. Das Fruchtfleisch kann weiß sein wie bei der Goldparmäne, gelb wie beim Golden Delicious, knackig wie beim Jamba, zart wie ein Cox Orange, süß wie ein Idared oder säuerlich-herb wie ein Boskoop. Für welchen Apfel Sie sich auch entscheiden mögen, irgendwie findet jeder Verwendung in der Küche. Wenn die Äpfel gekocht oder gegart werden sollen, halten Sie sich an die grünen bis gelben, festen und säuerlichen Sorten. Wenn der Apfel roh gegessen werden soll, nehmen Sie eine mäßig herbe rote Sorte. Einige Äpfel sind säuerlicher als andere, und man muß sie beim Kochen zuckern. Als Faustregel gilt: je grüner der Apfel, desto herber der Geschmack. Die einzige Ausnahme zu dieser Regel bildet der Golden Delicious, der, wenn er grün ist, besonders süß schmeckt. Wenn man rote Äpfel mit der Schale kocht, wird das Fruchtfleisch rosig. Gelbe oder grüne Äpfel haben meist weißes Fleisch.

Wenn Sie überschlagen wollen, wie viele Äpfel Sie für ein Rezept benötigen, gehen Sie von etwa 3 mittleren Äpfeln pro Pfund aus. 3 Pfund ergeben ungefähr 9 Tassen geschnitzelte Äpfel.

Lagerung: Bei richtiger Lagerung können sich Äpfel bis zu 6 Monaten halten. Aber denken Sie an das alte Sprichwort: »Ein fauler Apfel kann die ganze Stiege verderben«. Angefaulte Äpfel müssen tatsächlich sofort weggeworfen werden, um die anderen nicht zu verderben.

Am besten kauft man Äpfel direkt beim Bauern oder auf Erzeugermärkten, da kann man sicher sein, daß die Ware erntefrisch ist und höchstens ein bis zwei Tage vorher gepflückt wurde. Man sollte Äpfel ein oder zwei Tage zu Hause nachreifen lassen, bevor man sie ißt oder in der Küche verwendet. Um ein Verfärben der Apfelschnitze zu vermeiden, gibt man Zitronensaft darüber oder legt sie in Zitronenwasser, wenn sie nicht sofort verarbeitet werden. Vor dem Kochen immer gut abtrocken.

Wir haben zu jedem Rezept eine oder zwei Apfelsorten vorgeschlagen, die Sie garantiert bekommen. Viele der hier aufgeführten Äpfel gibt es nur in Amerika. Da dieses Buch dort entstanden ist, sind alle dort erhältlichen Sorten noch einmal aufgezählt und gezeigt. Wenn Sie den von uns vorgeschlagenen Apfel nicht finden, wählen Sie einfach eine vergleichbare Sorte. Viele Sorten werden das ganze Jahr über angeboten. Die meisten Sorten schmecken am besten in der Zeit von September bis November, wenn sie erntefrisch sind. Aber es gibt auch lagerfähige Äpfel, die erst nach einigen Monaten ihren geschmacklichen Höhepunkt erreichen.

Arkansas Black: Klein, purpurrote, teilweise fast schwarze Haut. Festes gelbes Fleisch, leicht säuerlicher Geschmack, hält gut die Form beim Kochen.

Baldwin: Grüne Haut mit großen roten Flecken. Festes gelbliches Fleisch. Saftig und eine Spur säuerlich. Gut zum Rohessen, ausgezeichnet zum Backen.

Cortland: Leuchtend rote Haut mit grünen Lichtern, säuerliches, zartes Fleisch, das an der Luft kaum anläuft. Ideal zum Rohessen.

Criterion: Gelbe Haut mit rötlichen Lichtern, süßes, saftiges weißes Fleisch. Gut zum Rohessen und zum Backen.

Dolga Crab Apple: Winzig kleiner Wildapfel, rosarote Haut, extrem hartes, saures Fleisch. Zu sauer zum Rohessen, aber wunderbar in Gelees, Konfitüren und zum Backen.

Empire: Abkömmlung des Red Delicious und McIntosh. Dunkelrote Haut, knackiges, saftiges weißes Fleisch, leicht säuerlich. Ideal zum Rohessen.

Fuji: Grünlich-gelbe Haut mit rötlichen Stellen, süß und saftig, festes weißes Fleisch. Gut zum Rohessen und zum Kochen.

Gala: Gelblich-orange Haut mit orangen Streifen, festes weißes Fleisch. Süß, aromatisch und saftig. Sehr gut zum Rohessen, passabel zum Backen und für Saucen.

Golden Delicious: Leuchtend gelbe bis goldene Haut, säuerlich und saftig. Festes weißes Fleisch. Gut zum Kochen, weil er gut die Form hält.

Granny Smith: Leuchtend grüne Haut, säuerliches, saftiges, festes Fleisch. Für alle Garmethoden geeignet, hält die Form gut.

Gravenstein: Gelblich-grüne Haut mit roten Streifen, gelbliches Fleisch. Mild, saftig und ein wenig säuerlich. Gut zum Rohessen, aber auch zum Backen geeignet.

Grimes Golden: Mittelgroßer bis kleiner Apfel mit leuchtend gelber Haut und bräunlichen Flecken. Gelbliches Fleisch, etwas trocken, süß und würzig. Gut zum Rohessen.

Idared: Leuchtend rote Haut, weißes Fleisch mit saftigem, reichem, süßem Geschmack. Gut zum Rohessen und zum Kochen.

Arkansas Black

Baldwin

Cortland

Criterion

Dolga Crab Apple

Empire

Fuji

Gala

Golden Delicious

Granny Smith

Gravenstein

Grimes Golden

Idared

Jonagold

Jonathan

Lady

McIntosh

Mutsu

Mutsu's Mother

Newtown Pippin

Northern Spy

Red Delicious

Rhode Island Greening

Rome Beauty

Spartan

Winesap

Jonagold: Kreuzung aus Delicious und Jonathan, tiefrot über einer zartgoldenen Haut, weiches, süßes, saftiges weißes Fleisch. Am besten roh und ganz frisch zu essen.

Jonathan: Leuchtend rote Haut auf goldenem Untergrund. Hocharomatisches weißes Fleisch, saftig, etwas säuerlich. Gut zum Rohessen, aber auch zum Kochen gut geeignet.

Lady: Kleiner, platter Apfel mit leuchtend rot-gelber Haut und roten Wangen. Knackiges, sauer-süßes Fleisch. Gut zum Rohessen und zum Kochen. Das rötliche Fleisch ist sehr dekorativ in Obstgerichten.

McIntosh: Leuchtende tiefrote Haut mit karmesinroten Einsprengseln. Weiches Fleisch, saftig, mild, leicht süß-säuerlich bei Reife. Am besten zum Rohessen geeignet, das Fleisch zerfällt beim Garen schnell.

Mutsu: Eine japanische Weiterzüchtung des Golden Delicious, manchmal auch Crispin genannt. Matte gelblich-grüne Farbe mit roten Bäckchen. Süß und würzig, knackiges Fleisch. Zum Rohessen und zum Kochen.

Mutsu's Mother: Gelber als Mutsu, mit bräunlichen Flecken. Gut zum Kochen.

Newtown Pippin: Hellgrüne bis gelbliche Haut, gelbliche Flecken. Das gelbe Fleisch ist fest, süß und saftig. Ein guter Allzweck-Apfel.

Northern Spy: Leuchtend rot über gelber Haut. Kräftiger Geschmack, leicht säuerlich und saftig. Sehr gut zum Rohessen, zum Kochen und zum Backen.

Red Delicious: Dunkelrote, zähe Haut mit festem, mild-säuerlichem bis süßem Fleisch. Manchmal saftig, manchmal aber auch mehlig. Dieser Apfel ist wohl mehr der Farbe wegen als um des Geschmacks willen gezüchtet werden.

Rhode Island Greening: Grüne bis gelbliche Haut mit rötlichen Bäckchen, gelbliches Fleisch, sehr saftig und zart, süß-sauer. Das Aroma intensiviert sich beim Garen, daher ist er ideal zum Kochen und Backen.

Rome Beauty: Leuchtend rote Haut mit etwas Gelb, das Fleisch ist weiß bis zartgrün. Saftig und säuerlich, eignet sich gut zum Kochen und Backen.

Spartan: Dunkelrote Schale wie beim McIntosh, festes, saftiges Fleisch. Am besten zum Rohessen.

Winesap: Leuchtend rot mit grünen Flecken. Würzig-aromatisches, leicht säuerliches Fleisch. Eignet sich gut zum Rohessen und zum Backen, ideal für Apfelwein.

VORSPEISEN

In der Küche hat der Apfel eine lange Geschichte als würzige Zutat. In Skandinavien zum Beispiel schnippelt man Äpfel in pikante Heringssalate; in Belgien wird der Apfel unter den Endiviensalat mit Walnüssen gemischt; in Süddeutschland füllt man köstliche Knödel damit; und bei dem Hauptgericht *schnitz un knepp* der »Pennsylvania Dutch« werden gedörrte Apfelringe mit Schinken und winzigen gelben Knödeln geschmort. In ganz Mitteleuropa liebt man Obstsuppen, und der Maître d'Hotel im Waldorf Astoria in New York bereicherte die amerikanische Küche mit seiner Erfindung des Waldorfsalats.
Die verschiedenen Apfelsorten werden Ihren kulinarischen Absichten auf unterschiedliche Weise gerecht. Zum Kochen sollten Sie die grünen bis gelben säuerlichen Sorten nehmen, die fest genug sind und nicht zerfallen. Wenn die Äpfel roh verwendet werden, als Begleitung zu üppigem Käse oder um Salate zu bereichern, greifen Sie besser zu den roten und mäßig herben Sorten. Bei pikanten Gerichten mit Äpfeln nehmen Sie am besten feste, herbe Sorten wie Granny Smith, Boskoop, Elstar oder eine andere säuerliche Sorte mit festem Fruchtfleisch. Eine Apfelkaltschale läßt sich am besten aus einem süßlichen Apfel bereiten, während sich für die Senegalesische Suppe eine herbere Sorte anbietet, als Gegengeschmack zur Würze und Süße des Huhns, der Brühe und der Sahne.

Apfel-Kürbis-Suppe

Die Kombination von säuerlichen grünen Äpfeln mit dem milden Kürbis ergibt eine wunderbar helle, cremige Suppe.

3 EL Butter
2 große Zwiebeln, fein gehackt
2 EL Currypulver
1 TL Chilipulver
1 1/4 l Hühnerbrühe
750 g Kürbis, geschält, entkernt und gewürfelt
3 feste säuerliche Äpfel (z.B. Granny Smith), geschält, entkernt und gewürfelt
Salz und schwarzer Pfeffer aus der Mühle
1/8 l Schlagsahne
1 TL gehackte frische Petersilie oder Koriandergrün

Butter bei mittlerer Hitze zerlassen. Zwiebeln zugeben und etwa 5 Minuten dünsten, bis sie glasig werden. Curry und Chili hinzufügen und weitere 5 Minuten garen. Die Hälfte der Brühe zugießen und zum Kochen bringen. Kürbis und Äpfel zugeben, mit Salz und Pfeffer würzen. Zum Kochen bringen, die Hitze reduzieren und etwa 45 Minuten bis 1 Stunde leise kochen lassen, bis der Kürbis weich ist. Gelegentlich umrühren, um ein Anhängen der Gemüse zu vermeiden.

Die Suppe mit dem Schneidestab des Handrührers fein pürieren.
Die Sahne und die restliche Hühnerbrühe dazugeben und alles erhitzen. Die Suppe in vorgewärmte Suppentassen geben und mit der gehackten Petersilie oder dem Koriandergrün bestreuen.

Für 10 Personen

Senegalesische Suppe

Diese aromatische kalte Suppe mit ihrer Mischung aus Curry, Sahne und Hühnerbrühe ist ein ideales sommerliches Gericht für Gäste.

2 l Hühnerbrühe
1 Möhre, geschält und gehackt
3 Selleriestangen, gewürfelt
3 kleine Zwiebeln, geschält
3 Gewürznelken, ganz
1 große Hähnchenbrust (komplett mit Haut und Knochen)
6 EL Butter
2 große säuerliche Äpfel (z.B. Granny Smith), geschält, entkernt und gewürfelt
1 EL Currypulver
1 EL Mehl
2 cl trockener Sherry (nach Belieben)
Salz und weißer Pfeffer aus der Mühle
1/4 l Schlagsahne

In einem großen Topf die Brühe, die Möhre, den Sellerie und eine mit Nelken gespickte Zwiebel bei mittlerer Hitze zum Kochen bringen. Die Hähnchenbrust hinzugeben und etwa 15 Minuten ziehen lassen, bis sie gar ist. Das Fleisch herausnehmen und zur Seite stellen, abkühlen lassen. Wenn es abgekühlt ist, in Klarsichtfolie wickeln und in den Kühlschrank stellen. Die Brühe abschäumen und weitere 30 Minuten köcheln lassen.

Die restlichen Zwiebeln fein hacken. In einer mittelgroßen Kasserolle bei mittlerer Hitze die Butter zergehen lassen und Zwiebeln und Äpfel zugeben. Etwa 10 Minuten dünsten, bis die Mischung weich ist. Das Currypulver einrühren und weitere 3 Minuten garen. Mehl einrühren.

Den Sherry und zwei Schöpflöffel Brühe hinzugeben und zum Kochen bringen. Die mit Nelken gespickte Zwiebel aus der Brühe nehmen und die Currymischung zur Brühe geben. Mit Salz und Pfeffer abschmecken und weitere 30 Minuten köcheln lassen.

Suppe mit dem Schneidestab des Handrührers fein pürieren.

Die Sahne hinzufügen und die Suppe in den Kühlschrank stellen. Gründlich erkalten lassen. Kurz vor dem Anrichten die Hähnchenbrust häuten, entbeinen und in kleine Würfel schneiden. Das Fleisch auf 6 eisgekühlte Suppentassen verteilen und die kalte Suppe auffüllen.

Für 6 Personen

Anmerkung: Diese Suppe wird am besten am Vortag zubereitet.

Apfel-Kaltschale

Eine leichte, erfrischende Vorspeise an einem sonnigen Herbsttag.

4 große süße Äpfel (z.B. Golden Delicious), geschält, entkernt und in Stücke geschnitten
1 EL Zitronensaft
1 EL Zucker
1/4 TL Muskat
gut 3/4 l Hühnerbrühe
Salz und weißer Pfeffer aus der Mühle
1 TL Speisestärke
4 dünne Zitronenscheiben
4 El Crème fraîche
1 TL abgeriebene Zitronenschale

Die Apfelstücke in einen Topf geben und mit dem Zitronensaft beträufeln. Den Zucker, Muskat und die Brühe hinzugeben und zum Kochen bringen. Mit Salz und Pfeffer würzen, die Hitze reduzieren und alles etwa 20 Minuten leise kochen lassen, bis die Äpfel weich sind.

Mit dem Schneidestab des Handrührers fein pürieren. Die Speisestärke mit ein wenig Wasser anrühren und zur Suppe geben. Bei mittlerer Hitze unter Rühren aufkochen lassen, bis sie glasig und etwas sämig wird (etwa 5 Minuten). Von der Flamme nehmen und etwas abkühlen lassen. Zudecken und in den Kühlschrank stellen.

Zum Servieren die Suppe in 4 eisgekühlte Suppenteller füllen, je eine Zitronenscheibe in die Mitte legen und mit einem Klecks Crème fraîche und abgeriebener Zitronenschale garnieren.

Für 4 Personen

Sellerie-Apfel-Remoulade

Eine klassische Wintervorspeise aus Frankreich.

2 Knollensellerie
1 Zitrone + 1 TL Zitronensaft
1 säuerlicher grüner Apfel (z.B. Gravensteiner), geschält und entkernt

Dressing:
2 EL kaltgepreßtes Olivenöl
2 EL Dijonsenf
150 g Mayonnaise, vorzugsweise frisch
gut 1/8 l saure Sahne oder Crème fraîche
Salz und schwarzer Pfeffer aus der Mühle
1 EL feingehackte frische Petersilie

Die Sellerieknollen schälen und mit einer Zitronenhälfte einreiben. Die Knollen in sehr feine Streifen (Juliennes) schneiden (das geht am besten mit der Küchenmaschine). Den Sellerie in eine Schüssel geben und sofort mit dem Saft einer halben Zitrone mischen. Den Apfel in feine Stifte schneiden oder grob raspeln. Zu dem Sellerie geben, vermengen und zur Seite stellen.
Das Dressing zubereiten: Das Öl mit dem Senf in einer Schüssel verschlagen. Den restlichen TL Zitronensaft dazugeben und die Mayonnaise und die saure Sahne unterschlagen. Mit Salz und Pfeffer würzen.
Das Dressing zu der Sellerie-Apfel-Mischung geben und vermengen. Die Schüssel gut abdekken und im Kühlschrank durchkühlen lassen. Zum Servieren mit gehackter Petersilie bestreuen.

Für 4 bis 6 Personen

Wintersalat mit Roquefort

Die fruchtig-frische Säure des Cidre-Walnuß-Dressings macht diesen bunten Salat besonders attraktiv.

Cidre-Walnuß-Dressing:
2 EL Cidreessig
4 EL Walnußöl
2 EL Olivenöl
1 EL Dijonsenf
Salz und schwarzer Pfeffer aus der Mühle nach Geschmack

4 mittelgroße Rote Bete, gegart, geschält und in Stifte geschnitten
1 großer Kopf Radicchio, geputzt und in feine Streifen geschnitten
1 großer Chicoree, geputzt und quer in Streifen geschnitten
1 Bund Brunnenkresse, geputzt und in Streifen geschnitten
2 mittelgroße herb-süße Äpfel (z.B. Berlepsch), geschält, entkernt, in feine Stifte geschnitten
50 g Walnußkerne
Salz und schwarzer Pfeffer aus der Mühle nach Geschmack
100 g Roquefortkäse, zerkrümelt

Den Essig, das Öl und den Senf in einer großen Schüssel verschlagen. Mit Salz und Pfeffer würzen.
Das Cidre-Walnuß-Dressing über die Roten Bete, Radicchio, Chicoree, Brunnenkresse und Äpfel geben, gut mischen.
Die Walnußkerne bei großer Hitze etwa eine Minute lang in einer beschichteten Pfanne rösten, bis sie heiß sind. Mit etwas Salz und Pfeffer würzen.
Den Salat auf 4 eisgekühlten Tellern anrichten. Jede Portion mit gerösteten Walnüssen und Roquefortkäse bestreuen.

Für 4 Personen

Wintersalat mit Roquefort

Salmagundi

Dieser Salat gilt als Wegbereiter des gemischten Salats und stammt aus dem Elisabethanischen Zeitalter in England (16. Jahrhundert).

Zitronen-Vinaigrette:
4 EL Zitronensaft
Salz und schwarzer Pfeffer nach Geschmack
5 EL Walnußöl
2 EL Pflanzenöl

2 cl Apfelschnaps (z.B. Calvados)
4 El Sultaninen
350 g Prinzeßbohnen, bißfest gekocht, abgeschreckt und abgetropft
100 g frische Perlzwiebeln, gekocht, blanchiert und geschält
2 säuerliche Äpfel (z.B. Boskoop oder Granny Smith), geschält, entkernt und in 6 mm dicke Würfel geschnitten
100 g kernlose grüne Trauben
1 EL Kapern
2 kleine Salatköpfe, gewaschen und trockengeschleudert
3 Hähnchenbrustfilets, pochiert, entbeint, gehäutet und in lange, feine Streifen geschnitten
½ rote Paprikaschote, entkernt und in 6 mm dicke Würfel geschnitten
6 Wachteleier, hartgekocht, gepellt und halbiert
1 EL Schnittlauchröllchen

In einer großen Schüssel den Zitronensaft mit Salz und Pfeffer verrühren. Langsam das Öl zugeben und verschlagen. Zur Seite stellen.
Den Apfelschnaps mit ¼ Tasse Wasser in einem Topf erhitzen, die Sultaninen hinzugeben und von der Flamme nehmen, abkühlen lassen.
In einer großen Schüssel die grünen Bohnen, Zwiebeln, Äpfel, Weintrauben und den Salat mit den Kapern und der Vinaigrette mischen. Auf 6 Tellern anrichten.

Die Rosinen abtropfen lassen und über den Salat streuen. Die Streifen Hühnerfleisch in der Mitte jeder Salatportion arrangieren und mit den gewürfelten roten Paprika bestreuen. Zwei Wachteleihälften neben das Hühnerfleisch legen und mit Schnittlauch bestreuen.

Für 6 Personen

Gegrillte Riesengarnelen mit einem Chutney aus Winterfrüchten

Idealerweise werden die Garnelen für dieses Gericht auf dem Holzkohlengrill bereitet, sie können aber auch in einer sehr heißen, vorgeheizten gußeisernen Pfanne gegart werden.

24 mittelgroße Riesengarnelen (in der Schale)
reichlich kaltgepreßtes Olivenöl
grobes Salz, gemischt mit frisch zerstoßenem schwarzen Pfeffer
1 rote Paprikaschote, entkernt und in Streifen geschnitten
1 gelbe Paprikaschote, entkernt und in Streifen geschnitten
1 Friseesalat, gewaschen, trockengeschleudert und in mundgerechte Stücke gezupft
Saft von 1 Zitrone
Salz und schwarzer Pfeffer aus der Mühle nach Geschmack
Pflanzenöl für den Grill
Chutney aus Winterfrüchten (siehe Seite 48)

Den Holzkohlengrill vorbereiten.
Garnelen waschen und mit Küchenkrepp trokkentupfen. In einer Schüssel die Garnelen mit so viel Olivenöl vermengen, daß sie überzogen sind, mit Salz und Pfeffer nach Belieben würzen. Etwa 30 Minuten zur Seite stellen.
In einer anderen Schüssel die Paprikastreifen mit Olivenöl und Gewürzen vermengen. Etwa 30 Minuten zur Seite stellen.
Wenn die Holzkohle leise glüht, den Grill mit dem Pflanzenöl einstreichen, die Garnelen in die Mitte des Grills legen und die Paprikastreifen, mit der Hautseite nach unten, um die Garnelen herum legen. Garnelen auf jeder Seite etwa 3 Minuten grillen. Wenn die Paprikastreifen weich werden, wenden und weitere 3 Minuten grillen, bis sie gar sind.
Den Friseesalat mit dem Saft einer halben Zitrone mischen, salzen und pfeffern. Auf 4 Tellern anrichten.
Wenn die Garnelen gar sind, noch auf dem Grill mit dem Saft der zweiten Zitronenhälfte beträufeln. Garnelen und die Paprikastreifen auf dem Friseesalat anrichten. Einen Löffel voll Winterchutney an den Tellerrand geben und servieren.
(Die Schalen der Garnelen können Sie mitessen.)

Für 4 Personen

Mangoldsalat mit Walnüssen und Gorgonzola

Apfel und Käse gehen hier eine ideale Verbindung ein.
Knackige und süße Äpfel bereichern jeden Salat.

1 Bund Mangold, vorzugsweise rotstielig mit den zarten Rippen
125 g durchwachsener Speck, in 6 mm dicke Würfel geschnitten.
75 g Walnußkerne
4 EL Walnußöl
4 EL Pflanzenöl
1 herber Apfel (z.B. Gravensteiner), geschält, entkernt und in 6 mm dicke Würfel geschnitten
Salz und schwarzer Pfeffer aus der Mühle nach Belieben
3 EL Himbeeressig
100 g Gorgonzola, gewürfelt

Den Mangold waschen und abtrocknen, die Blätter in feine Streifen schneiden, die Stiele anderweitig verwenden. In einer mittelgroßen Kasserolle den Speck bei mittlerer Hitze auslassen, bis er eine goldene Farbe annimmt. Herausnehmen und auf Küchenkrepp abtropfen lassen. Den größten Teil des Fetts abgießen, die Walnüsse im restlichen Fett leicht in der Pfanne rösten und dabei aufpassen, daß sie nicht anbrennen. Auf Küchenkrepp abtropfen lassen.
Die Pfanne mit Küchenkrepp auswischen und bei mittlerer Hitze die halbe Menge Walnußöl und die halbe Menge Pflanzenöl erhitzen. Die Apfelstücke hineingeben und unter Rühren garen, bis sie weich werden, etwa 4 Minuten.
Den Mangold dazugeben, umrühren und mit Salz und Pfeffer würzen. Den Essig hinzufügen und umrühren. Von dem restlichen Öl so viel dazugeben, daß der Mangold bedeckt ist.
Wenn der Mangold schlaff wird, die Mischung auf 4 vorgewärmte Teller füllen. Den Speck und die Walnüsse auf jede Portion streuen und das verbliebene Dressing über den Salat träufeln. Jede Salatportion mit Käsewürfeln garnieren.

Für 4 Personen

HEINKE'S
HEINKE'S

Apfel-Omelett

Das ist ein leichter Imbiß, zusammen mit einer Suppe auch eine vollständige Mahlzeit.

3 Äpfel (Golden Delicious), geschält, entkernt und klein gewürfelt
2 EL Vanillezucker
1 EL Calvados
6 Eier
1 Prise Salz
3 EL Butter
Zucker zum Bestreuen
Puderzucker (nach Belieben)

Die Äpfel mit dem Vanillezucker in einen kleinen Topf geben. Zudecken und bei mittlerer Hitze garen, dabei den Topf hin und wieder rütteln, damit die Äpfel nicht hängenbleiben. Wenn die Apfelstücke weich sind, Topf von der Flamme nehmen und den Calvados unterrühren. Zudecken und beiseite stellen.

Den Backofengrill vorheizen. In einer Schüssel die Eier mit Salz und einem EL kaltem Wasser schlagen. In einer beschichteten Pfanne mittlerer Größe die halbe Menge Butter bei mittlerer Hitze zergehen lassen. Die Hälfte der Eiermasse zugeben und vorsichtig mit einer Gabel rühren, bis die Masse den Boden und die Wände der Pfanne bedeckt. Wenn die Masse zu stocken beginnt und beinahe gar ist, die halbe Menge der Apfelmasse daraufgeben. Das Omelett in der Mitte zusammenklappen und eine weitere Minute oder mehr garen lassen.

Das Omelett auf einen feuerfesten Teller gleiten lassen. Mit ein wenig Zucker bestäuben und unter dem Grill glasieren. Mit den verbliebenen Zutaten genauso verfahren.

Nach Wunsch mit Puderzucker bestäuben.

Für 2 Personen

BEILAGEN

Der Apfel ist die Würze des Winters. Von allen Obstsorten eignet sich der Apfel am besten für Chutneys, Aufstriche oder Saucen. Gedünstet bildet er eine köstliche Beilage zu Fleisch, Geflügel und Wildgeflügel. Äpfel mit Meerrettich und Sahne passen hervorragend zu fettem Räucherfisch.

Für sich allein genommen, können Äpfel auch eine knackig-frische Beilage zu manchem Gericht sein. In früheren Zeiten pflegten englische Köche Äpfel an einer Schnur vor dem offenen Feuer aufzuhängen, wo sie geröstet wurden und irgendwann in ein daruntergestelltes Gefäß mit Glühwein fielen. Die so marinierten Äpfel wurden später zusammen mit dem Fleisch vom Bratspieß serviert.

Mit Wurstmasse und Salbei vermengt, eignen sich Äpfel hervorragend für Füllungen. Zusammen mit Wintergemüse wie Steckrüben oder Pastinaken gekocht und püriert, nehmen sie den herben Gerichten den strengen Geruch. Einfache Chutneys aus Äpfeln, Rosinen und Gewürzen sind eine köstliche Beilage für jede Sorte Fleisch von Schweinefleisch bis Hackbraten, und die ostindische Variante aus Äpfeln mit Tamarinde macht aus jedem Chutney einen Hochgenuß.

Apfel-Beignets

Reichen Sie diese knusprige Beilage zu Schweinebraten oder Schweinekotelett, zu Schmorbraten, Tafelspitz oder Sauerbraten.

1 Ei
150 ml Milch
1 EL Butter, zerlassen
150 g Mehl
2 TL Backpulver
Salz
3 säuerliche Kochäpfel (z.B. Granny Smith oder Gravensteiner)
Saft von 1 Zitrone
1/2 l Pflanzenöl zum Ausbacken
1 EL Zucker

In einer großen Schüssel das Ei mit der Milch und der zerlassenen Butter verschlagen. Mehl, Backpulver und eine Prise Salz einstreuen und vermengen. Beiseite stellen.

Die Äpfel schälen, die Kerngehäuse ausstechen und die Äpfel in 5 mm dicke Scheiben schneiden, mit dem Zitronensaft beträufeln. Das Öl in einer tiefen Kasserolle auf 175 Grad C erhitzen. Das Öl sollte heiß sein, ohne zu rauchen, und sofort brutzeln, wenn die Äpfel hineingetaucht werden. Die Apfelringe leicht in den Ausbackteig tauchen. In das Öl geben und fritieren, bis sie rundherum goldbraun sind, etwa 5 Minuten. Mit der Schaumkelle herausheben, auf Küchenkrepp abtropfen lassen und im vorgewärmten Backofen warm stellen.

Wenn alle Beignets fertig sind, auf einer Servierplatte anrichten und mit ein wenig Zitrone und Zucker beträufeln.

Für 4 Personen

Süss-saurer Rotkohl

Dieser Rotkohl kann bereits am Vortag zubereitet und wieder aufgewärmt werden. Paßt zu Gans, Ente oder Fasan.

1,5 kg Rotkohl, von äußeren Blättern und Strünken befreit und gehobelt
4 EL Butter
1 EL Pflanzenöl
1 mittelgroße Zwiebel, fein gehackt
2 säuerliche Äpfel (z.B. Granny Smith oder Boskoop), geschält, entkernt und in 6 mm dicke Würfel geschnitten
1 EL brauner Zucker
3–4 EL Rotweinessig
1/4 l Hühnerbrühe
1 TL Kümmelkörner
Salz und schwarzer Pfeffer aus der Mühle nach Geschmack
4 EL rotes Johannisbeergelee

Den Kohl in einem Topf mit leicht gesalzenem, kochendem Wasser etwa 1 Minute blanchieren. Herausnehmen, abschrecken, gut ausdrücken und beiseite stellen.
In einem großen Topf die Butter und das Öl bei mittlerer Hitze erhitzen. Die Zwiebel, Äpfel und Zucker zugeben und etwa 5 Minuten andünsten. Kohl, Essig und Brühe dazugeben und weitere 10 Minuten unter häufigem Rühren kochen. Kümmel, Salz, Pfeffer und Johannisbeergelee dazugeben. Umrühren, die Hitze reduzieren und weitere 10 Minuten leise kochen lassen, bis der Kohl weich ist.

Für 5 bis 6 Personen

Apfelsauerkraut

Paßt gut zu Schweinekotelett, Würstchen und allem gepökelten Fleisch.

1 kg Sauerkraut, vorzugsweise frisch
2 EL Gänseschmalz
1 mittelgroße Zwiebel, grob gehackt
1 fein gehackte Knoblauchzehe
1/4 l Apfelwein
1/4 l Hühnerbrühe
3 große säuerliche Äpfel (z.B. Granny Smith oder Boskoop), geschält, entkernt und grob gewürfelt
6 Wacholderbeeren, gestoßen
2 cl Gin (wahlweise)
Salz und schwarzer Pfeffer aus der Mühle nach Geschmack

Den Backofen auf 175 Grad C vorheizen. Wenn das Sauerkraut sehr salzig oder sauer sein sollte, unter fließendem Wasser abspülen. Auseinanderzupfen und beiseite stellen.
In einem großen Topf das Schmalz bei mittlerer Hitze zergehen lassen. Zwiebel und Knoblauch dazugeben und dünsten, bis sie glasig sind. Das Sauerkraut, den Apfelwein, die Brühe, die Äpfel und Wacholderbeeren dazugeben und alles bei großer Hitze zum Kochen bringen.
Die Mischung anschließend in eine ofenfeste Form geben. Den Gin dazugeben, mit Salz und Pfeffer würzen. Fest verschließen und etwa 40 Minuten garen.

Für 6 Personen

Eingelegte Crab Apples

Wenn es auf dem Markt zufällig einmal die kleinen, sauren amerikanischen Crab Apples, die Wildäpfel, geben sollte, kaufen Sie sie und bereiten Sie daraus eingelegte Äpfel nach der Art Pennsylvanias zu.

Etwa 30 kleine Wildäpfel mit Stiel und Haut
1 l Cidre-Essig
300 g Zucker
2 TL Senfkörner
3 Lorbeerblätter
12 ganze Gewürznelken
6 Zimtstangenstücke, 2,5 cm groß

Die Äpfel in einen schweren Edelstahltopf geben. Den Essig und genug kaltes Wasser zugeben, bis die Äpfel bedeckt sind. Die restlichen Zutaten zugeben. Bei großer Hitze unter gelegentlichem Rühren zum Kochen bringen. Die Hitze reduzieren und die Äpfel etwa 45 Minuten weich kochen.
Die Äpfel in sterilisierte Einmachgläser füllen und die Gewürze auf die Gläser aufteilen. Mit dem Sirup bis etwa 1 cm unter den Rand auffüllen. Die Gläser nach Vorschrift mit den passenden Deckeln verschließen und 10 Minuten im kochendheißen Wasserbad einkochen. Abkühlen lassen, Deckel kontrollieren, verschließen. Oder fest mit Folie abdecken und bis zu drei Wochen im Kühlschrank aufbewahren.

Ergibt ungefähr 6 Gläser

Apfelmus

Gelbe Äpfel ergeben ein weißes Mus, rote Äpfel ergeben ein leicht rosa gefärbtes Mus. Die Menge des Zuckers richtet sich nach der Süße der Äpfel. Wenn das Apfelmus zu Fleischgerichten serviert werden soll, ist ein herberer Geschmack vorzuziehen.

6 bis 8 feste süße Äpfel (z.B. Golden Delicious oder Idared), geschält, entkernt und in Stücke geschnitten
1 El Zitronensaft
Etwa 50 g Zucker (je nach Apfelsorte)
Crème double, nach Geschmack

Den Backofen auf 175 Grad C vorheizen. Die Äpfel in eine Auflaufform geben, mit Zitronensaft beträufeln und mit Alufolie fest verschließen. Etwa 30 Minuten backen, bis die Äpfel weich sind.
Aus dem Ofen nehmen, die Äpfel zerdrücken und rühren, bis sie eine glatte Masse bilden. Den Zucker nach Geschmack unterrühren. Warm als Dessert mit Crème double oder kalt als Beilage zu Fleischgerichten servieren.

Ergibt ungefähr 3 ½ Portionen

Anmerkung: Als optische Aufmunterung können Sie eine Handvoll gekochte Preiselbeeren daruntermischen.

Apfelmus

Apfel-Minze-Chutney

Die Tamarinde wird in der indischen und westindischen Küche häufig verwendet. Ihre säuerliche Frische gibt diesem Chutney einen unverwechselbaren Geschmack.

3 Tamarindenschoten oder ½ Tasse Tamarindenmus aus der Dose
6 säuerliche Äpfel (z.B. Elstar), geschält, entkernt und in Stücke geschnitten
6 El brauner Rohrzucker
3 El Cidreessig
1 TL Chilipulver
Salz
2 TL getrocknete Minze

Die Tamarindenschoten 30 Minuten in warmem Wasser einweichen. Mit den Fingern das Fruchtfleisch und die Samenkörner herausdrücken. Durch ein feines Sieb streichen.
Die übrigen Zutaten, das Tamarindenmus und ⅓ Tasse Wasser in einem Edelstahltopf zum Kochen bringen. Die Hitze reduzieren und 30 Minuten ohne Deckel leise kochen, bis die Äpfel weich sind und das Gemisch eindickt.
Das Chutney in sterilisierte, heiße Einweckgläser füllen und etwa 1 cm bis zum Rand lassen. Die Gläser nach Vorschrift verschließen und 10 Minuten in kochendheißem Wasserbad einkochen. Abkühlen lassen, Deckel festziehen (Verschlüsse kontrollieren) und aufbewahren. Oder fest mit Folie abdecken und im Kühlschrank bis zu 2 Wochen aufbewahren.

Ergibt etwa 1 Liter

Von links nach rechts: Apfel-Minze-Chutney, Chutney aus Winterfrüchten (Rezept siehe Seite 48) und Preiselbeer-Apfel-Relish (Rezept siehe Seite 46)

Preiselbeer-Apfel-Relish

Dieses Relish schmeckt köstlich zu Wild und Wildgeflügel. Um eine Sauce daraus zu bereiten, kochen Sie die Mischung weitere 10 bis 15 Minuten und passieren sie durch ein Sieb. Paßt auch gut zu Pfannkuchen.

4 große Äpfel (z.B. Glockenäpfel), geschält, entkernt und in Stücke geschnitten
1 EL Zucker
1/4 l Ahornsirup
200 g frische Preiselbeeren
1 EL Orangenschale, in Streifen geschnitten und fein gehackt

Äpfel, Zucker und 2 EL Wasser in einen Topf geben und bei mittlerer Hitze 5 Minuten dünsten. Gelegentlich den Topf rütteln, damit die Äpfel nicht am Boden kleben. Den Sirup einrühren, die Preiselbeeren und die Orangenschale zugeben. Wenn die Beeren anfangen aufzuplatzen, die Hitze reduzieren, den Topf zudecken und 10 Minuten unter gelegentlichem Rühren weitergaren.

Ergibt etwa 3 Tassen

Apfelbutter

Dieses Rezept für einen leckeren Brotaufstrich stammt aus den Kolonialzeiten der USA. Je nach Süße der Äpfel kann die Zuckermenge variiert werden.

2 kg säuerliche Äpfel (z.B. Gravensteiner), geviertelt, mit Schale, Kernen und Stielen
1/2 l Apfelwein
500 g Zucker
3 TL gemahlener Zimt
2 TL gemahlene Gewürznelken
1 TL gemahlener Piment

Äpfel und Apfelwein in einem großen, schweren Topf bei mittlerer Hitze zum köcheln bringen und etwa 25 Minuten kochen lassen, bis die Äpfel weich sind. Gelegentlich umrühren, damit sie nicht am Boden kleben.

Die Äpfel durch ein Sieb in eine große Schüssel passieren. Den Zucker und die Gewürze darunterühren und weitere 4 Stunden unter häufigem Umrühren bei milder Hitze köcheln lassen. Wenn die Masse eindickt bzw. am Löffel haften bleibt und am Topfrand keine Flüssigkeit mehr steht, ist die Apfelbutter fertig. Von der Kochstelle nehmen. In sterilisierte, heiße Einmachgläser füllen und etwa 1 cm Rand lassen. Nach Vorschrift verschließen und 10 Minuten in kochendheißem Wasserbad einkochen. Abkühlen lassen, Verschlüsse kontrollieren, verschließen. Oder fest mit Folie verschließen und im Kühlschrank bis zu 3 Wochen aufbewahren.

Ergibt etwa 2 Liter

Apfel-Meerrettich

Diese pikante Beilage paßt vorzüglich zu Gans, Ente, Räucherfisch oder kaltem Braten.

1 EL Zitronensaft
1 Stück frischer Meerrettich
3 säuerliche Äpfel (z.B. Boskoop), geschält und entkernt
1 Becher Crème fraîche
Salz nach Geschmack

Den Zitronensaft in eine Schüssel geben. Den Meerrettich (etwa 2 bis 3 EL) und die Äpfel in den Saft reiben. Gelegentlich umrühren, damit die Fruchtmasse sich nicht verfärbt.

Die Crème fraîche unterheben und die Masse mit Salz abschmecken. Zugedeckt in den Kühlschrank stellen.

Ergibt etwa 1 ½ Tassen

Apfel-Relish

Eine pikante Version der Apfelbutter, die gut zu Fleisch und Geflügel paßt.

1 kg feste säuerliche Äpfel (z.B. Elstar)
1 EL Zitronensaft
¾ l Apfelwein
Etwa 200 g Zucker
1 TL scharfer Curry

Äpfel schälen, entkernen und vierteln. Schalen und Kerne aufheben. Äpfel in dünne Scheiben schneiden und in eine Schüssel mit kaltem Wasser und Zitronensaft legen. Beiseite stellen.
Die Schalen, Kerne und 2 Tassen Wasser in einem Topf zum Kochen bringen. Zugedeckt 25 Minuten leise kochen lassen, bis die Schalen weich sind. Die Flüssigkeit durch ein Sieb in eine Schüssel abgießen, dabei die Fruchtmasse ausdrücken, um den ganzen Saft aufzufangen. Schalenreste wegwerfen.
In einem Topf den abgegossenen Apfelsaft, den Apfelwein, Zucker und Curry zum Kochen bringen und 3 Minuten kochen.
Die Äpfel abtropfen lassen und in die Flüssigkeit geben. Zum Kochen bringen, die Hitze reduzieren und unter gelegentlichem Umrühren 40 Minuten leise kochen lassen. Wenn die Äpfel durchsichtig geworden sind, einen Löffel von der Masse auf einen kleinen Teller geben und in den Kühlschrank stellen. (Gelierprobe!) Wenn die Masse in Sekunden geliert, ist das Relish fertig.
In heiße, sterilisierte Einmachgläser geben, dabei etwa 1 cm Rand lassen. Gläser nach Vorschrift verschließen und 10 Minuten in kochendheißem Wasser einkochen. Abkühlen lassen, Verschlüsse kontrollieren und kühl aufbewahren. Oder fest mit Folie verschließen und bis zu 3 Wochen im Kühlschrank aufbewahren.

Ergibt etwa 5 Gläser

Chutney aus Winterfrüchten

Im Oktober und November wird auf den Erzeugermärkten oder beim Bauern Herbstobst am günstigsten angeboten. Jetzt ist es an der Zeit, mit dem Einmachen zu beginnen.

600 g feste Äpfel (z.B. Golden Delicious), geschält, entkernt und in 1 bis 2 cm dicke Stücke geschnitten
400 g feste Birnen, geschält, entkernt und in 1 bis 2 cm dicke Stücke geschnitten
1 Quitte, geschält, entkernt und in 6 mm dicke Stücke geschnitten
Schale und Saft von 2 Zitronen
1 l Cidreessig
2 große Zwiebeln, geschält und gehackt
4 Knoblauchzehen, geschält und fein gehackt
2 EL Salz
2 EL Senfkörner
3 EL frisch geriebener Ingwer
½ bis 1 TL Cayennepfeffer
1 Chilischote
1 TL gemahlener Zimt
150 g brauner Zucker
75 g Zucker
75 g Sultaninen
100 g dunkle Rosinen
200 g Walnüsse, gehackt

Die Früchte in eine große Schüssel geben, mit kaltem Wasser und Saft von 2 Zitronen bedekken. Beiseite stellen.
In einem großen Edelstahltopf den Essig mit 2 Tassen kaltem Wasser, Zitronenschale, Zwiebeln, Knoblauch, Salz und Gewürzen bei großer Hitze zum Kochen bringen. Die Hitze reduzieren und alles 15 Minuten köcheln lassen, bis die Zwiebeln glasig sind. Braunen Zucker, weißen Zucker und die Früchte zugeben und aufkochen. Die Hitze reduzieren und 1 Stunde leise kochen lassen. Gelegentlich umrühren, um ein Ankleben der Masse zu verhindern.
Wenn das Chutney eindickt, die Rosinen und Nüsse zugeben und weitere 15 Minuten kochen, bis die Masse dickflüssig ist. Während des Abkühlens dickt das Chutney weiter ein.
Das Chutney in sterilisierte, heiße Einmachgläser geben, etwa 1 cm Rand lassen. Gläser nach Vorschrift verschließen und 10 Minuten im kochendheißen Wasserbad einkochen. Abkühlen lassen, Verschlüsse kontrollieren. Oder fest mit Folie verschließen und bis zu 3 Wochen im Kühlschrank aufbewahren.
Chutney mindestens 3 Wochen ruhen lassen.

Ergibt etwa 5 Gläser

APPLES HERE
APPLES
OPEN

HAUPTGERICHTE

Auf der ganzen Welt kennt man Hauptgerichte, in denen Äpfel eine große Rolle spielen. Ob das die Schweizer Nudeln mit Käse und warmem Apfelkompott sind, der klassische Risotto des Veneto mit Äpfeln und Parmesan oder die massiveren winterlichen Hauptgerichte mit Schweinefleisch und Äpfeln, die man im Norden Deutschlands ebenso liebt wie im Elsaß.
In der englischen Küche wird Apfelkompott traditionell mit Zimt und Muskat gewürzt – ein Überbleibsel aus der Zeit, als man dem Gast seine Wertschätzung durch verschwenderisches Verwenden von teuren Gewürzen zeigte, aber auch eine Erinnerung daran, daß Äpfel und kräftige Gewürze gut zusammenpassen. Die berühmtesten Apfel-Gerichte aber kommen aus der Normandie. »À la normande« bedeutet in der französischen Küche immer die Zubereitung mit Äpfeln, Sahne und Calvados, dem traditionellen Apfelschnaps der Region. Wenn man mit Äpfeln kocht, ist immer für Vielfalt gesorgt.

Raclette

Raclette bedeutet zweierlei: Zum einen ein aus dem Schweizer Kanton Wallis stammendes Gericht auf der Basis von Käse, zum anderen ist es der Name des Käses, der dafür verwendet wird.

½ Rad Raclettekäse
1 kleines Glas Cornichons
1 kleines Glas Perlzwiebeln
Walnüsse in der Schale, im Backofen erwärmt
4 oder mehr sehr kalte feste Äpfel (z. B. Jonathan)
12 bis 15 frisch gekochte Pellkartoffeln

Den Käse im Stück auf einer feuerfesten Platte oder einem Brett dicht vor eine kräftige Hitzequelle (Kaminfeuer, Garten- oder Elektrogrill) legen. Der Käse schmilzt und wird mit dem Messer abgeschabt (französisch racler = abschaben) und auf die vorgewärmten Teller verteilt. Weniger romantisch, aber leichter machbar: den Käse in ½ cm dicke Scheiben schneiden und im vorgeheizten Backofen oder unter dem Grill zerlaufen lassen. Auf vorgewärmte Teller geben und mit den oben erwähnten Zutaten servieren.

Unser Tip: *Es gibt mittlerweile Spezialgeräte für Raclette, sowohl für die zünftige Art, den halben Laib zu servieren, wie für die praktikablere Art, ihn in Scheiben zu braten.*

Für 4 bis 6 Personen

Schweizer Nudeln mit Gruyère und Apfelkompott

Ein willkommenes Gericht an einem kalten, verschneiten Abend.

4 bis 5 feste süße Äpfel (z.B. Idared oder Gloster), geschält, entkernt und in Stücke geschnitten
1 TL abgeriebene Zitronenschale
1 EL Zucker nach Geschmack
6 EL Butter
1 EL Pflanzenöl
4 mittelgroße Zwiebeln, in feine Ringe geschnitten
300 g kurze Makkaroni
225 g Gruyère, gerieben
Salz und schwarzer Pfeffer aus der Mühle nach Geschmack
4 EL Schnittlauchröllchen

In einem Edelstahltopf die Äpfel mit dem Zitronensaft und dem Zucker vermengen. 1 bis 2 EL Wasser dazugeben. Zugedeckt auf kleiner Flamme etwa 10 Minuten garen, bis die Äpfel weich sind. Gelegentlich den Topf rütteln, damit die Äpfel nicht am Boden kleben bleiben. Beiseite stellen und warm halten.
In einem großen, schweren Topf 3 EL Butter mit dem Pflanzenöl bei mittlerer Hitze zergehen lassen. Die Zwiebeln dazugeben und anbraten, bis sie knusprig und golden sind.

Während die Zwiebeln garen, die Nudeln nach Kochanweisung kochen. Abgießen, abtropfen lassen und mit den 3 verbliebenen EL Butter, dem Käse, Salz und Pfeffer nach Geschmack vermengen.
Die Nudeln auf 4 angewärmte Teller verteilen. Auf jede Portion Nudeln Zwiebeln geben und reichlich Schnittlauch darüberstreuen. Das Apfelkompott als Beilage servieren.

Für 4 Personen

Apfel-Risotto

Für dieses Gericht eignet sich am besten der Golden Delicious.
Er bleibt beim Kochen die ersten 10 Minuten hart, und wenn man es am wenigsten erwartet,
bläht er sich auf, platzt und wird zart und weich.

1 Golden-Delicious-Apfel, geschält, entkernt und in Würfel geschnitten
1–1 1/4 l Hühnerbrühe
2 EL Butter
2 EL Olivenöl
1 kleine Zwiebel, geschält und klein gehackt
250 g Risotto-Reis
1/8 l trockener Weißwein
4 EL geriebener Parmesan (und eine Extraportion zum Servieren)
frisch geriebener Muskat

Apfel in einen kleinen Topf geben, zudecken und bei mittlerer Hitze etwa 10 Minuten garen, bis sie weich sind. Den Topf gelegentlich rütteln, damit die Äpfel nicht anhängen. Beiseite stellen.

In einem anderen Topf die Brühe zum Sieden bringen und bei kleiner Flamme heiß halten. In einem mittelgroßen Edelstahltopf die Butter mit dem Öl bei mittlerer Hitze zerlassen. Wenn die Buttermischung aufschäumt, die Zwiebel dazugeben und etwa 5 Minuten dünsten, bis sie glasig ist.

Den Reis zugeben und unter ständigem Rühren mit einem Holzkochlöffel garen. Wenn der Reis den größten Teil der Butter aufgesaugt hat, den Wein dazugießen und unter ständigem Rühren kochen, bis der Wein aufgesaugt ist. Dann unter ständigem Rühren nach und nach die Brühe zugießen, jeweils nur einen Schöpfer voll. Nach etwa 10 Minuten Garzeit die gekochten Äpfel zugeben. Weiter Brühe hinzufügen, bis der Reis gar, aber noch leicht körnig ist, etwa 15 Minuten. Eventuell bleibt Brühe übrig. Den Parmesan und Muskatnuß darunterziehen und etwa 1 weitere Minute kochen.

Risotto auf 4 vorgewärmte Teller verteilen und sofort mit der Extraportion Parmesankäse servieren.

Für 4 Personen

Curry-Huhn

Die Briten brachten den Curry einst aus Indien in ihre Heimat. Ihre Currygerichte verfeinerten sie mit Äpfeln oder würzten Apfel-Chutney mit Curry.

2 EL Pflanzenöl
1 Poularde, etwa 1,5 kg schwer, in acht Teile zerlegt, mit Haut und Knochen
3 EL Butter
3 mittelgroße Zwiebeln, gehackt
3 Knoblauchzehen, gehackt
2 scharfe grüne Chilischoten, von Rippen und Kernen befreit und in 3 mm große Würfel geschnitten
1 Stück frischer Ingwer, gerieben
2 säuerliche Äpfel (z.B. Boskoop oder Jamba), geschält, entkernt und in 6 mm dicke Würfel geschnitten
2 EL erstklassiges Currypulver
2 EL ungesüßte Kokoscreme aus der Dose
2 Kardamomschoten, gestoßen
1 Becher Sahnejoghurt
knapp 1/2 l Hühnerbrühe
1 Stengel Zitronengras, geschält, oder ein 5 cm langes Stück
Zitronenschale
Salz nach Geschmack
1 EL Zitronensaft
2 EL Koriandergrün, gehackt

In einem großen Topf das Öl bei starker Hitze erhitzen. Die Hühnerstücke von allen Seiten anbraten und beiseite stellen.
Das Fett abgießen und Butter in den Topf geben. Wenn die Butter aufschäumt, Zwiebeln und Knoblauch hinzugeben und andünsten, bis sie glasig sind. Chilis, Ingwer und Äpfel dazugeben und weitere 3 Minuten garen, bis die Äpfel weich werden. Das Currypulver einrühren und etwa 1 Minute weiterkochen, bis alles gut vermengt ist. Die Kokoscreme, Kardamom und Joghurt dazugeben und gründlich verrühren. Das Hühnerfleisch dazugeben und wieder etwa 1 Minute kochen, bis alle Zutaten gut vermengt sind.
Die Brühe aufgießen, das Zitronengras dazugeben und mit Salz würzen. Zum Kochen bringen, die Hitze reduzieren und unter gelegentlichem Rühren etwa 1 Stunde leise kochen lassen. Zitronensaft und Koriander einrühren. Das Zitronengras entfernen.
Servieren Sie das Curry-Huhn zusammen mit körnig gekochtem Reis.

Für 4 Personen

Hausgemachter Boudin mit Äpfeln

Die kleinen, aromatischen Bratwürstchen, die man in Frankreich serviert, heißen Boudin. Sie selber zu machen ist eine mühselige Arbeit, die nur leidenschaftliche Hobbyköche in Angriff nehmen sollten, aber es lohnt die Mühe.

25 g gedörrte Äpfel, in Würfel geschnitten
4 EL Apfelschnaps oder Calvados
225 g Hähnchenbrustfilet, entbeint und gehäutet
225 g mageres Schweinefleisch
175 g grüner Speck
1/4 l Crème fraîche
1 EL frisch gehackte Petersilie
1/4 TL frisch gehackte Salbeiblätter
1/4 TL frisch gehackter Thymian
1 TL Cayennepfeffer
1/8 TL gemahlener Kümmel
1 Prise Piment
1 TL Salz
4 EL Butter
1 kleine Zwiebel, fein gehackt
2 Eigelb
12 Naturdärme (für Würste)
4 Golden Delicious, als Beilage zum Boudin

Die Boudinmasse vorbereiten: in einer kleinen Schüssel die gedörrten Äpfel im Apfelschnaps einweichen und mit genug Wasser bedecken. Beiseite stellen, bis sie gequollen sind.
Fleisch in kleine Würfel schneiden. Alles zusammen zweimal durch den elektrischen Fleischwolf drehen. Die Mischung in eine große Schüssel geben und kalt stellen.
Die Crème fraîche in einem schweren Topf bei mittlerer Hitze auf die Hälfte reduzieren. Abkühlen lassen.
Die Äpfel abtropfen lassen. Zusammen mit den Kräutern und den Gewürzen an die Fleischmischung geben und gut vermengen.
In einem mittelgroßen Topf 2 EL Butter bei mittlerer Hitze zerlassen und die Zwiebel darin dünsten, bis sie glasig ist, etwa 5 Minuten.
Eigelb mit der Crème fraîche verrühren und an die Fleischmasse geben. Die Zwiebeln zugeben und vermengen.
Die restliche Butter bei mittlerer Hitze zerlassen. Die Boudinmischung dazugeben und unter ständigem Rühren etwa 7 Minuten garen. Mischung abkühlen lassen.
Dann die Naturdärme mit Hilfe des entsprechenden Geräts (Plastikrohr, Trichter oder Spritzbeutel) mit der Masse füllen. Bis zur Verwendung kühl stellen. Die Mischung sollte etwa 12 kleine Boudins ergeben.
Die Boudins unter einem heißen Backofengrill grillen oder in einer leicht eingefetteten beschichteten Pfanne etwa 10 bis 12 Minuten anbraten.
Währenddessen die Äpfel schälen, entkernen und in Achtel schneiden.
Apfelstücke in eine beschichtete Pfanne legen und bei mittlerer Hitze braten, bis sie weich sind und eine goldene Farbe haben. Mit den Boudin servieren.

Für 4 Personen

Wachteln mit Calvadossahne

Dieses Gericht ist typisch für die Küche der Normandie, wo es Äpfel, Calvados und Sahne im Überfluß gibt.

4 Wachteln, aufgeschnitten, Rückgrat und Flügelspitzen entfernt
Salz und frisch gemahlener schwarzer Pfeffer
Mehl zum Bestäuben
8 EL Butter
1 EL Pflanzenöl
3 feste süße Äpfel (z.B. Golden Delicious oder Jonagold), geschält, geviertelt und entkernt
1 EL Zucker
1 Becher Crème fraîche
4 EL Calvados

Den Backofen auf 160 Grad C vorheizen. Wachteln waschen und mit Küchenkrepp abtupfen. Mit Salz und Pfeffer würzen und leicht mit Mehl bestäuben.

In einem großen, schweren Topf 4 EL Butter und das Öl bei mittlerer Hitze zergehen lassen. Wenn die Butter aufschäumt, die Wachteln dazugeben, Hautseite nach unten. Die Wachteln mit einem Teller und Gewicht bedecken und 5 Minuten braten, bis sie goldene Farbe annehmen. Die Wachteln umdrehen und mit Teller und Gewicht bedeckt wieder 5 Minuten braten. Die Wachteln mit der Hautseite nach unten in eine feuerfeste Form legen und in den Backofen schieben.

Jedes Apfelviertel dritteln. Das Bratfett aus dem Topf abgießen und auf mittlere Hitze zurückschalten. Die restliche Butter zergehen lassen und die Äpfel zugeben. Mit Salz und Zucker bestreuen und die Äpfel auf beiden Seiten bräunen. Crème fraîche und Calvados dazugeben und aufkochen. Die Hitze reduzieren und etwa 7 Minuten köcheln lassen, bis die Äpfel weich sind, aber ihre Form behalten.

Mit der Schaumkelle die Äpfel herausnehmen und auf zwei vorgewärmten Tellern anrichten. Die Sauce aufkochen. Auf jeden Teller zwei Wachteln legen, Bratfond in die Sahnemischung rühren. Die Sauce 1 weitere Minute kochen und über die Wachteln verteilen.

Für 2 Personen

Schweinebraten mit glaciertem Gemüse, Backpflaumen und Äpfeln

Glückliche Schweine dürfen sich an Äpfeln ergötzen, bevor sie in den Schweinehimmel kommen. Für kommerzielle Zwecke gezüchtete Schweine genießen dieses Privileg gewöhnlich nicht, wenn man aber deren Fleisch mit Äpfeln, Backobst oder Apfelwein zubereitet, entschädigt das für manches.

2 kg Schweinebraten, am besten aus dem Rücken
2 EL frisch gehackte Salbeiblätter
Salz und frisch gemahlener schwarzer Pfeffer
½ l trockener Apfelwein
12 Backpflaumen
1 Zitronenscheibe
6 kleine Rüben, geschält, in Stücke geschnitten
12 kleine Zwiebeln, geschält und blanchiert
6 Möhren, geschabt, in 6 mm dicke Scheiben geschnitten
Zucker
6 große feste säuerliche Äpfel (z.B. Boskoop oder Granny Smith), geschält, entkernt, halbiert und in Drittel geschnitten
1 EL Dijonsenf
4 El Crème fraîche

Den Backofen auf 175 Grad C vorheizen.
Den Braten mit dem Salbei einreiben, salzen und pfeffern. Das Fleisch auf den Rost der Saftpfanne legen, ¼ l Apfelwein dazugießen und 1 Stunde im Backofen braten. Gelegentlich mit der Bratflüssigkeit übergießen.
Die Backpflaumen und die Zitronenscheibe in eine kleine Schüssel geben, mit kochendem Wasser bedecken und beiseite stellen.
Nach 1 Stunde Bratzeit ½ Tasse Bratensaft entnehmen. In einer Schüssel die Rüben, Zwiebeln und Möhren mit dem Bratensaft vermengen, mit ein wenig Zucker bestreuen. Das Gemüse auf den Boden der Fettpfanne verteilen und mit eventuell vorhandenem restlichem Bratensaft beträufeln. Eine weitere halbe Stunde garen.
Wieder ½ Tasse Bratensaft entnehmen, die Äpfel darin wenden, mit Zucker bestreuen und zurück in die Saftpfanne legen. Ungefähr eine weitere Stunde garen. Gelegentlich die Äpfel und Gemüse wenden, damit sie gleichmäßig bräunen.
Die Pflaumen abgießen und eventuelle Kerne entfernen. Die Pflaumen und den Saft aufbewahren.
Den Braten mit den Äpfeln und Gemüsen auf eine vorgewärmte Servierplatte legen, mit Alufolie abdecken und warm stellen.
Das überschüssige Fett aus der Saftpfanne abgießen. Saftpfanne auf große Flamme stellen und die restliche Tasse Apfelwein und ½ Tasse des Pflaumensafts dazugießen, den Bratensatz damit loskochen. Den Senf darunterrühren, salzen und pfeffern und weiter kochen, bis die Sauce sämig und glasig wird.
Die Sauce durchsieben und die Pflaumen zugeben. Aufkochen, Hitze reduzieren und ein paar Minuten köcheln lassen, bis die Pflaumen heiß sind. Die Pflaumen mit der Schöpfkelle herausnehmen und zu dem Braten und dem Gemüse auf die Platte legen.
Die Crème fraîche in die Sauce rühren und etwa 1 Minute erhitzen. Dann in eine vorgewärmte Sauciere gießen.
Mit dem Braten servieren.

Für 6 Personen

DESSERTS

Saftige, erfrischende Nachspeisen mit Äpfeln gehören zu den beliebtesten Gerichten überhaupt. Schließlich ist es kein Zufall, daß, wenn man einen beliebigen Menschen bittet, eine Obstsorte zu nennen, so gut wie jedem zuerst der Apfel einfällt. Er ist nicht nur wohlschmeckend und aromatisch, er ist auch das ganze Jahr verfügbar und war für unsere Vorfahren im Winter eine der wenigen Vitaminquellen.
Apfelkuchen sind überall auf der Welt beliebt, offen, gedeckt, mit Rosinen, Zimt oder Zuckerguß. Eine kleine Auswahl sei hier vorgestellt.

Zucker-Äpfel

Diese klebrige Schleckerei für Kinder ist nicht ganz leicht herzustellen, denn alles steht und fällt mit der Zuckertemperatur. Um keine Enttäuschung zu erleben, ist es sehr emfehlenswert, mit einem Zuckerthermometer zu arbeiten.

4 bis 5 kleine, feste Äpfel
1 Tasse Zucker
1 Päckchen Vanillezucker
3/4 Tasse Sirup
1 Tasse Crème double
2 EL Butter

Die Äpfel waschen und abtrocknen, Stiele entfernen und in jedes Stielende einen Holzspieß stecken. Vorbereitete Äpfel beiseite stellen.
In einem kleinen Topf Zucker, Vanillezucker, Sirup, Crème double und Butter vermengen und auf großer Flamme erhitzen. 3 bis 5 Minuten aufkochen, oder bis das Zuckerthermometer 120 Grad C anzeigt. Von der Kochstelle nehmen. Rasch jeden Apfel einzeln in die Masse eintauchen und gut drehen, damit er ganz überzogen wird. Den Holzspieß zwischen die Handflächen klemmen und kurz zwirbeln, um die Glasur abzukühlen. Aufrecht auf Wachspapier oder ein eingeöltes Tablett stellen und abkühlen lassen.

Reicht für 4 bis 5 kandierte Äpfel

Karamelisierte Bratäpfel

Zucker und Gewürze erübrigen sich bei frisch geernteten Äpfeln. Ein Schuß Apfelwein in der Bratpfanne tut es auch.

6 mittelgroße Äpfel (z. B. James Grieve oder Ingrid Marie)
1/4 l Apfelwein
6 EL Sirup
150 g Zucker

Den Backofen auf 190 Grad C vorheizen. Die Kerngehäuse ausstechen und die Äpfel bis auf einen etwa 4 cm dicken Streifen schälen. Die Äpfel in einer Backform anordnen und den Apfelwein darübergießen. Etwa 40 Minuten im Ofen braten, bis die Äpfel weich, aber nicht matschig sind. Mit einem Backpinsel die Äpfel mehrmals bestreichen.
Auf einer Servierplatte anordnen, den Saft weggießen. Vor dem Karamelisieren die Äpfel auskühlen lassen.
In einer Schüssel den Sirup mit 1/3 Tasse kochendheißem Wasser verrühren und beiseite stellen. Den Zucker in einen Topf geben und bei starker Hitze mit der Sirupmischung vermengen, indem der Topf gerüttelt wird. Von der Kochstelle nehmen und weiterrütteln, bis der Zucker sich aufgelöst hat. Keinen Löffel verwenden!
Wieder auf die Kochstelle setzen und aufkochen. Den Topf weiter schwenken, bis der Sirup eine goldene Farbe annimmt. Von der Kochstelle nehmen und rasch über die Äpfel löffeln. Die heißen Bratäpfel mit eiskalter Schlagsahne oder Crème fraîche servieren.

Für 6 Personen

Knusper-Apfel

Dies ist eine Art Streuselkuchen ohne den Kuchen – nur Frucht und knusprige Kruste! In Amerika ist dieses unkomplizierte Dessert sehr beliebt.

Kruste:
75 g Pecannußhälften
150 g Mehl
50 g brauner Zucker
4 EL Zucker
1/8 TL Zimt
1 EL abgeriebene Orangenschale
75 g weiche Butter

Füllung:
6 Äpfel (z.B. Golden Delicious oder Idared), geschält, entkernt und in Stücke geschnitten
1 EL Zucker
4 EL Preiselbeerkompott

Die Pecannüsse 5 Minuten in einer Pfanne ohne Fett rösten, abkühlen lassen und hacken. In einer großen Schüssel die trockenen Zutaten mit der Orangenschale vermengen und die Butter mit der Hand einarbeiten. Wenn die Mischung krümelt, die Pecannüsse untermengen und beiseite stellen.
Den Backofen auf 190 Grad C vorheizen. In einer Schüssel die Äpfel mit etwas Zucker bestreuen und mit den Preiselbeeren vermengen. Die Füllung in eine Backform geben, glätten und die Streusel gleichmäßig darüber verteilen. Mit Alufolie abdecken und 20 Minuten backen. Die Folie entfernen und weitere 20 Minuten backen, bis die Oberfläche knusprig braun ist und die Äpfel weich sind. Mit Eiscreme oder Schlagsahne servieren.

Für 6 bis 8 Personen

Apple Brown Betty

Brown Betty ist allseits beliebt und typisch amerikanisch. Das Geheimnis des ganz speziellen Geschmacks: der Sherry.

12 EL Butter
etwa 3 Tassen frische Brotkrümel (im Mixer zerkleinert)
6 feste Äpfel (z.B. Goldparmäne), geschält, entkernt und in hauchdünne Scheiben geschnitten
250 g rotes Johannisbeergelee
2 cl trockener Sherry
Schlagsahne zum Servieren nach Geschmack

Den Backofen auf 190 Grad C vorheizen. Eine ovale Auflaufform großzügig einfetten. Den Boden der Backform mit Brotkrümeln 3 mm dick bestreuen. Butterflocken auf die Brotkrümel streuen. Eine Lage Äpfel fächerförmig darauf anordnen, wobei die Scheiben überlappen dürfen. Eine feine Schicht Johannisbeergelee darauf verstreichen. Wieder eine Lage Äpfel darauf verteilen, usw. Bei der dritten Lage Äpfel die Äpfel nach unten drücken, und weiter wie gehabt. Jede Lage Äpfel nach unten drükken. 5 Lagen Äpfel sollten Sie schaffen. Mit den restlichen Brotkrümeln bestreuen und die restlichen Butterflocken darauf verteilen.
Mit Alufolie bedecken und 15 Minuten backen. Die Folie entfernen und weitere 40 Minuten backen (30 Minuten, wenn Sie einen zarten Apfel verwenden). Den Sherry über das Ganze träufeln und weitere 5 Minuten backen, bis die Oberfläche eine goldene Farbe hat und die Äpfel sich leicht mit einem scharfen Messer anstechen lassen. Leicht abkühlen lassen und noch warm mit Schlagsahne servieren.

Für 6 Personen

Pie-Teig

Dieser Teig eignet sich für die meisten Kuchen, Torten und Apfeltaschen.

450 g Mehl
1 TL Salz
225 g kaltes Schweineschmalz, Margarine oder Butter, in Stücke geschnitten
1 Ei
knapp 80 ml Milch

Das Mehl und das Salz in die Rührschüssel einer Küchenmaschine sieben. Das Schmalz zugeben und mit dem Teigrührer auf niedriger Stufe rühren, bis die Mischung körnig wie feines Maismehl erscheint.

In einer mittelgroßen Schüssel das Ei mit der Milch verschlagen und zu der Mehlmischung geben. Bei höherer Geschwindigkeit rühren, bis der Teig einen Klumpen bildet und sich vom Schüsselrand löst. Den Teig in 3 gleich große Teile teilen, in Klarsichtfolie einwickeln und 2 Teigklumpen mindestens 20 Minuten im Kühlschrank lassen. Den dritten Klumpen für spätere Verwendung einfrieren.

Auf einer gut bemehlten Unterlage eine der Teigkugeln zu einer 3 mm dicken Scheibe ausrollen, so daß er in eine Tortenform von etwa 20 cm Durchmesser paßt und am Rand überhängt. Den Teig in die ungefettete Tortenform legen, den überstehenden Teig abschneiden und den Rand festdrücken. Den Teig gleichmäßig mit zerlassener Butter bestreichen und beiseite stellen. Für einen Deckel ebenso verfahren.

Die Menge ergibt genug Teig für einen Pie mit Deckel und einen Teigboden oder -deckel für einen zweiten.

Amerikanischer Apple Pie

Am besten gelingt die Teigkruste nach wie vor mit Schweineschmalz. Margarine ist etwas für Gesundheitsbewußte. Amerikaner essen diesen Pie entweder mit Vanilleeis oder mit pikantem Cheddarkäse

1 Portion Pie-Teig (siehe Grundrezept links)

Füllung:
4 bis 6 säuerlich-süße feste Äpfel (z. B. Gravensteiner oder Jamba), geschält, entkernt und in Scheiben geschnitten
1 EL Zucker
2 EL Mehl
1 TL Vanillezucker
1/8 l Schlagsahne

Den Backofen auf 220 Grad C vorheizen. Eine Tortenform mit dem Pie-Teig auskleiden.

In einer großen Schüssel die Äpfel mit dem Zucker und Mehl vermischen, Vanillezucker und Sahne dazugeben. Beiseite stellen. Die Ränder des Teigbodens mit ein wenig Wasser anfeuchten und die Apfelmischung in die Tortenform geben. Den Teigdeckel über die Äpfel legen, den Rand hochklappen, die Ränder zusammendrücken und verschließen. Mit einem scharfen Messer in die Mitte des Teigdeckels kleine Schlitze schneiden, damit der Dampf entweichen kann. Aus optischen Gründen kann auch ein Teiggitter darübergelegt werden. Nach 10 Minuten Backzeit die Temperatur auf 175 Grad C herunterschalten und 30 bis 40 Minuten backen, bis die Kruste goldbraun ist und die Äpfel sich mit einer Spicknadel leicht anstechen lassen.

Warm oder auf Zimmertemperatur abgekühlt mit Vanille-Eiscreme oder Cheddarkäse servieren.

Für 8 bis 10 Personen

Apfeltorte

Eine rustikale Nachspeise, wie ich sie aus dem Haus von Freunden in der Provence kenne.

1 Portion Pie-Teig (siehe Grundrezept Seite 76), jedoch mit Butter und
1 EL Zucker bereitet
4 oder 5 Äpfel (z.B. Golden Delicious), geschält, entkernt und in 6 mm dicke Scheiben geschnitten
1 EL Zitronensaft
2 EL Zucker
6 EL Aprikosenkonfitüre

Den Backofen auf 220 Grad C vorheizen.
Die Apfelscheiben mit dem Zitronensaft vermengen und beiseite stellen.
Auf einer leicht bemehlten Arbeitsfläche ⅔ des Teiges zu einem länglichen Rechteck ausrollen, etwa 3 mm dick, damit es auf ein großes Backblech paßt. Den Teig auf das Backblech legen. Den restlichen Teig für einen anderen Zweck aufheben oder einfrieren.
Die Apfelscheiben in Reihen auf dem Teig auslegen, wobei sich die Scheiben leicht überlappen sollen, etwa 2,5 cm Teigrand stehen lassen. Den Teigrand leicht über die Äpfel klappen. Die Äpfel mit 2 EL Zucker bestäuben.
25 bis 30 Minuten backen, bis die Äpfel und die Kruste goldbraun sind. Aus dem Ofen nehmen und mit dem restlichen Zucker bestäuben.
Die Aprikosenmarmelade bei mäßiger Hitze zerlassen. Mit einem Backpinsel die Äpfel leicht damit glasieren.

Für 8 bis 10 Personen

Apfel-Sorbet

Ein erfrischender Zwischengang bei einem großen Dinner oder ein besonders festliches Dessert, wenn es mit warmer Karamelsauce serviert wird.

6 rote Äpfel (z.B. Idared oder Ingrid Marie)
1 EL Zitronensaft
1 l Wasser
150 g Zucker
1 TL Vanillezucker

Die Äpfel waschen und mit Schale und Kerngehäuse in Viertel schneiden. In einen Edelstahltopf geben und mit dem Zitronensaft vermengen. Wasser, Zucker und Vanillezucker zugeben und bei großer Hitze zum Kochen bringen.
Die Hitze reduzieren, zudecken und 45 Minuten kochen lassen, bis die Äpfel weich und mürbe sind.
Die Mischung durch ein Sieb in eine Schüssel passieren, Schale und Kerne wegwerfen. Mus im Kühlschrank durchkühlen lassen, in einen Speiseeisbereiter gießen und nach Vorschrift einfrieren lassen.

Ergibt etwa 4 Liter

Apfeltaschen

Im Winter pflegte meine Mutter uns Kinder zum Frühstück mit Apfeltaschen zu überraschen. Diese machte sie aus dem Teig, der von der Apfeltorte übriggeblieben war.

1 Portion Pie-Teig (siehe Grundrezept Seite 76), mit Butter oder Margarine gemacht

Füllung:
1 kleines Glas Kirschkompott
½ TL gemahlener Zimt
frisch geriebene Muskatnuß
1 TL abgeriebene Orangenschale
100 g gehackte Walnüsse
1 EL Butter
4 mittelgroße feste Äpfel (z.B. Glockenapfel), geschält, entkernt und in dünne Scheiben geschnitten
1 Ei
Zucker zum Bestäuben

Kirschen mit einem Teil ihrer Flüssigkeit, Zimt, Muskat und Orangenschale bei milder Hitze 15 Minuten garen. Flüssigkeit abgießen, Nüsse zufügen, abkühlen lassen.
Die Butter in einem mittelgroßen Topf zerlassen. Die Äpfel zugeben und andünsten, bis sie weich sind, aber nicht zerfallen.
Die Äpfel mit der Kirschenmischung in einer großen Schüssel vermengen und abkühlen lassen.
Den Teig in zwei Hälften teilen. Die eine Hälfte auf einer bemehlten Unterlage in ein großes Rechteck ungefähr 3 mm dick ausrollen. Mit einem Teigrädchen, das mehrfach in Mehl getaucht wird, damit nichts anklebt, 8 Rechtecke ausschneiden. Auf jedes Rechteck einen Löffel der Füllung geben.
Das Ei mit 1 EL kaltem Wasser verschlagen und die Teigränder damit einpinseln. Den Teig zu einem Dreieck übereinanderklappen und die Ränder leicht zusammendrücken.
Ein Backblech mit Pergamentpapier auslegen und die Apfeltaschen darauflegen. 20 Minuten in den Kühlschrank stellen.
Genauso mit der zweiten Teighälfte und der Füllung verfahren.
Den Backofen auf 175 Grad C vorheizen.
Die Ränder der Teigtaschen mit einem Teigrädchen mit gezacktem Rand abschneiden. Die Oberseite der Teigtaschen mit dem restlichen geschlagenen Ei bepinseln und mit einem scharfen Messer kleine Schlitze schneiden. Leicht mit Zucker bestreuen.
30 bis 35 Minuten backen, bis die Apfeltaschen eine goldbraune Farbe haben.
Auf einem Kuchenrost abkühlen lassen.

Ergibt etwa 16 Teigtaschen

Apfel-Pfannkuchen

Pfannkuchen mal ganz anders: Er wird im Backofen gegart und in der Pfanne serviert!

Pfannkuchenteig:
75 g Mehl
1 EL Zucker
½ TL Backpulver
1 Prise Salz
4 Eier
¼ l Milch
2 EL Butter, zerlassen
2 TL abgeriebene Orangenschale
1 TL Vanillezucker
Reichlich gemahlene Muskatnuß

Fruchtfüllung:
4 EL Butter
½ EL Zucker
½ TL Zimt
¼ TL Muskat
2 große säuerliche Äpfel (z. B. Boskoop), geschält, entkernt, halbiert und in dünne Scheiben geschnitten
Puderzucker zum Bestreuen nach Geschmack

Mehl, Zucker, Backpulver und Salz in eine große Schüssel sieben. In einer mittelgroßen Schüssel die Eier schlagen, Milch dazugeben und schlagen, bis eine glatte Masse entsteht. Das Mehl unter die Masse ziehen, die zerlassene Butter, Orangenschale, Vanillezucker und Muskat dazugeben. Gut verrühren und 30 Minuten beiseite stellen.
Den Backofen auf 220 Grad C vorheizen
Die Fruchtfüllung vorbereiten: Die Butter in einer ofenfesten Form von 25 cm Durchmesser bei mittlerer Hitze zerlassen. Die Form schwenken, damit die Ränder gut mit Butter überzogen werden. Von der Flamme nehmen.
Zucker und Gewürze mischen und die Hälfte der Mischung in die Form streuen. Die Form gleichmäßig mit den Apfelschnitzen auslegen und die restliche Zuckermischung darüberstreuen.
Die Form bei mittlerer Hitze auf die Flamme stellen. Wenn der Zucker anfängt zu brodeln, den Pfannkuchenteig gleichmäßig über die Äpfel gießen. Die Form in den Backofen stellen und 10 Minuten backen. Die Temperatur auf 190 Grad C zurückschalten und weitere 10 Minuten backen, bis der Pfannkuchen eine goldene Farbe hat und in der Mitte noch weich ist. Mit Puderzucker bestäuben.

Für 4 Personen

Apfelschnee

Dieses lockere Dessert ist die richtige Erfrischung nach einem üppigen Essen.

3 1/2 Tassen Apfelmus (siehe Grundrezept Seite 42)
2 Eiweiß
1/8 TL Zitronensaft
50 g Zucker

Apfelmus im Kühlschrank kalt stellen. Das Eiweiß mit dem Zitronensaft auf niedriger Stufe mit dem elektrischen Handrührgerät schlagen. Wenn das Eiweiß steif wird, langsam den Zucker zugeben und weiterschlagen, bis steifer Eischnee entsteht. Den Eischnee unter das gekühlte Apfelmus heben und im Kühlschrank gut durchkühlen.

Für 4 Personen

GETRÄNKE

In allen Ländern, in denen Äpfel wachsen, hat man auch gelernt, daraus erfrischende Getränke zu bereiten. Das beginnt mit hausgepreßtem Apfelsaft oder dem einfachen Kindergetränk, mit dem man im frühen Amerika Kinderdurst stillte: Apfelscheiben, mit Zucker und kochendem Wasser gemischt und nach einiger Zeit durch ein Sieb gegossen. Der so entstandene Saft kann heiß oder kalt getrunken werden. Aber auch der Most, der fermentierte Apfelwein, ist in vielen Ländern bekannt. Ob das der Äppelwoi aus Hessen ist, der Most, der den oberösterreichischen Mostschädeln ihren Spitznamen gab, oder der würzige Cidre aus der Normandie.
Und zu brennen verstand man den Apfel auch – vom schlichten Apfelschnaps amerikanischer Siedler bis zum edlen, jahrzehntelang im Faß gereiften Calvados.

Apfel-Brandy-Cocktail

Diesen raffinierten Cocktail bekommen Sie nur dort, wo ein geübter Barkeeper hinter dem Bartresen steht.

2 cl Apfelbrandy
1 TL Grenadine
1 TL Zitronensaft

Cocktailshaker mit Eis füllen und alle Zutaten hineingeben.
Gut schütteln, bis der Shaker sich eisig anfühlt, durch den Strainer in ein eisgekühltes Glas gießen.

Ergibt 1 Cocktail

Heißer Apfelwein mit Rum

Ein hervorragendes Mittel gegen Erkältung und Schnupfen.

2 EL weiche Butter
1 1/2 EL brauner Zucker
4 lange Streifen Orangenschale
8 Gewürznelken
4 Zimtstangen
4 cl brauner Rum
1/2 l heißer Apfelwein

Die Butter mit dem Zucker vermengen und beiseite stellen.
Die Orangenschale mit je zwei Gewürznelken spicken. In jedes Glas oder jeden Becher eine Orangenschale, eine Zimtstange und 1 cl Rum geben. Heißen Apfelwein darübergießen und mit einem Stück Butter garnieren.

Ergibt 4 Portionen

Heißer Apfelwein mit Rum

Von links nach rechts: Cape Cod Jack, Apfel-Cocktail, Apple Blossom und prickelnder Apfelpunch

Cape Cod Jack

Die Sitte, Preiselbeersaft mit alkoholischen Getränken zu mischen, stammt aus New England, getrunken wird es aber überall.

2 cl Apfelschnaps
2 cl Preiselbeersaft
1 EL Zuckersirup

Ein großes Old-Fashion-Glas mit Eis füllen, Zutaten hineingeben und umrühren.

Ergibt 1 Cocktail

Apfel-Cocktail

Die ersten weißen Siedler in Amerika lernten, aus den vorhandenen Äpfeln einen rauhen Schnaps zu brennen, den sie Applejack nannten. Wir ersetzen ihn hier am besten durch Calvados.

1 cl Calvados
1 cl Apfelwein
½ cl Gin
½ cl Cognac

Alle Zutaten über Eis in einen Cocktailshaker gießen. Schütteln, bis der Shaker kalt anläuft, und in eisgekühlte Cocktailgläser gießen.

Ergibt 2 Cocktails

Apple Blossom

Die rauhe Note einfacher Calvadossorten wird durch den samtigen Vermouth geglättet.

1 cl Calvados oder Apfelschnaps
1 cl italienischer roter Vermouth
½ cl heller Rum
½ TL Grenadine
1 TL Zitronensaft

Einen Cocktailshaker mit Eis füllen und alle Zutaten hineingeben. Schütteln, bis der Shaker kalt anläuft, und durch den Strainer in ein eisgekühltes Cocktailglas gießen.

Ergibt 1 Cocktail

Prickelnder Apfelpunch

Statt teuren Champagner zu kaufen, versuchen Sie mal diese schäumende Variante.

1 TL Puderzucker
½ TL Zitronensaft
1 cl Apfelschnaps
Moussierender Apfelwein, gekühlt

Zucker, Zitronensaft und Apfelschnaps in einem hohen Highball-Glas verrühren, bis der Zucker sich aufgelöst hat. 3 Eiswürfel hineingeben und mit dem Apfelwein auffüllen.

Ergibt 1 Cocktail

REGISTER

Apfel-Beignets 38
Apfel-Brandy-Cocktail 86
Apfel-Cocktail 91
Apfel-Kaltschale 23
Apfel-Kürbis-Suppe 20
Apfel-Meerrettich 47
Apfel-Minze-Chutney 44
Apfelmus 42
Apfel-Omelett 35
Apfel-Pfannkuchen 82
Apfel-Punch 91
Apfel-Relish 47
Apfel-Risotto 56
Apfelsauerkraut 41
Apfelschnee 83
Apfel-Sorbet 79
Apfeltaschen 81
Apfeltorte 79
Apfelwein mit Rum 86
Apple Blossom 91
Apple Brown Betty 75
Apple Pie, amerikanisch 76
Boudin, hausgemacht, mit Äpfeln 60
Bratäpfel, karamelisiert 72
Cape Cod Jack 91
Chutney aus Winterfrüchten 48
Crab Apples, eingelegt 42
Curry-Huhn 59
Knusper-Apfel 75
Mangoldsalat mit Walnüssen und Gorgonzola 32
Pie-Teig 76
Preiselbeer-Apfel-Relish 46
Raclette 52
Riesengarnelen, gegrillt, mit einem Chutney aus Winterfrüchten 31
Rotkohl, süß-sauer 41
Salmagundi 27
Schweinebraten mit glaciertem Gemüse, Backpflaumen und Äpfeln 64
Schweizer Nudeln mit Gruyère und Apfelkompott 55
Sellerie-Apfel-Remoulade 24
Senegalesische Suppe 22
Wachteln mit Calvadossahne 63
Wintersalat mit Roquefort 24
Zucker-Äpfel 71

DANKSAGUNG

Ich möchte all den Kollegen und Freunden danken, die mir bei diesem Buch halfen und mich immer wieder anspornten: Ted Donahue, dem rasanten Forscher, Jon Gilman, Clay and Nevin, die den besten Apfelkuchen ausgesucht haben, und Cheryl Merser für ihre wertvolle Hilfe. Mein spezieller Dank gilt allen bei Collins Publishing, San Francisco, besonders Lena Tabori, die mein Buch in diese Reihe aufgenommen hat, Jenny Barry für das Design, Meesha Halm für das Lektorat, Kathryn Kleinman für ihre wundervollen Fotografien und Stephanie Greenleigh für das Food-Styling.

Christopher Idone

Für die Fotos:
Collins und das Fotografenteam möchten ebenfalls den folgenden Personen danken: Michaele Thunen, Blumen und Requisite; Michele Miller und Dimitri Spathis, Fotoassistenten; Pat Brill, Food-Styling-Assistent; Barbara Beal, Jim und Rosemary Jolley und Penelope Hunt, Location; Mimi Luebbermann und Sara Slavin, Requisite; Harmony Farm Supplies; Davies and Starr; Bonnie Grossman in der AMES Galerie in Berkeley; der Cyclamen Töpferei in Berkeley; Bill Fujimoto vom Monterey Market in Berkeley, Californien; dem Internationalen Apfel Institut und der Washington State Apple Commission.